천년을 기다려도 좋을 사람

정만석 시집

자서

   등단 이후 늘 가슴 속에 품어오던 단 하나의 생각을 이제 행동으로 옮겨 생애 첫 시집을 내게 되었다. 시를 적으면 적을수록 힘들고 어렵다는 생각이 든다. 가식적인 시가 아닌 진실한 삶과 사랑을 노래한다는 것은 참과 거짓 사이에서 갈등하고 있는 또 다른 내 모습을 발견하게 해 주었다.
   첫 시집을 내면서 한 사람에 대한 사랑과 기다림, 그리고 그리움을 표현하고 싶었다. 이 시집을 출판하면서 지금 내 마음 속의 심리상태를 가장 잘 표현하고 있다는 생각이 든다.
   이루지 못한 첫사랑에 대한 아직도 끝나지 않은 사랑과 기다림으로 가슴 한 구석에 고이 숨겨 두었다가 한여름 갑자기 소나기가 내리는 날이나 한 겨울에 첫눈이 내리는 날이면 다시 한 번 떠올려 보게 되는 사랑을 한 편의 시로 표현해 보았다.
   내게 소원이 있다면 이 책을 읽는 모든 독자들이 첫사랑의 그 순수함을 다시 한 번 느낄 수 있었으면 좋겠다.

2011년 1월

차례

자서 3

제1부

징검다리 • 11
닮은 두 사람 • 12
행복한 기다림 • 14
첫사랑 • 15
너를 기다리는 시간 • 16
내 마음에 머무는 사람 • 17
귀머거리의 사랑 • 18
작은 소망 • 20
널 향한 내 마음 • 21
인어공주의 사랑 • 22
기다림이 있어 행복한 사람 • 24
비오는 날에는 • 25
하늘을 감동시킨 사람의 기도 • 26
첫 설레임 • 28
너를 기다릴 때는 • 30
그리움 • 31
내 곁에 있어 좋은 사람 • 32
첫눈 • 33
프로포즈 • 34
벚꽃 • 35

그대의 향기 • 36
내 작은 두 손으로 • 37
달맞이꽃 • 38

제2부

세상에 없는 사랑 • 43
천년을 기다려도 좋을 사람 • 44
고백 • 46
하늘이 내게 준 선물 • 47
우리가 만일 • 48
오늘을 위한 기도 • 49
행복나누기 • 50
이런 사람으로 기억되고 싶습니다 • 52
마음과 마음의 벽 • 54
내게 특별한 사람 • 56
네잎 클로버 • 58
내 눈물과 바꾼 사랑 • 59
당신은 내게 • 60
내가 사랑할 단 한 사람 • 62
가을愛 • 64
사랑을 위한 기도 • 66
그대 있음에 • 68
당신을 바라볼 때면 • 70
뒷모습이 아름다운 사람 • 72

제3부

봄비 • 77
새벽 바다 • 78
그대 그리운 날에는 • 80
같은 하늘 아래 • 81
소나기 • 82
행복한 그림자 • 84
당신을 위한 눈물의 기도 • 86
가을 편지 • 88
작은 두려움 • 89
해 지는 광안대교에서 • 90
비 오는 날의 그리움 • 92
너를 다시 만나면 • 93
파도와 당신 • 94
돌담길을 지나다가 • 95
물망초 • 96
해바라기 사랑 • 98
내 그리운 사람에게 • 99
행복 1 • 100
행복 2 • 101
그리움이 머무는 자리 • 102
내게 행복을 주는 사람 • 104
함께 할 수 있는 사랑 • 106
내 마음 속의 별 하나 • 107
해설 천년의 그리움을 승화하는 사랑의 시편 **이숙례** • 108

제1부

징검다리

당신과 나를
하나의 인연으로 이어준
운명의 연결고리
징검다리 한 가운데 앉은
널 처음 보았을 때
나도 모르게 느낀
순수한 그 설레임
이제 너와 내가 아닌
우리라는 이름으로
좋은 인연을 만들어 준
운명의 징검다리

닮은 두 사람

오랜 시간 서로 다른
환경에서 살아왔지만
너무나 닮은 두 사람
당신과 나는 서로 다르지만,
서로의 생각과 행동이 많이 닮아서
우린 서로에게
없어서는 안 될
꼭 필요한 존재입니다.
당신과 나는
서로 많이 다르지만
어느 순간부터 우린
서로에게 많이 닮아가고 있습니다.
서로에게 닮아가는
그 모습을 보며
얼마나 놀라는지 모릅니다.
두 마음이 하나가 되고
여러 개를 보던 두 사람의 시선이

같은 하나를 말없이 바라볼 때
그때 비로소
사람의 마음은 진정한 하나가 될 것입니다.

행복한 기다림

누군가를 기다리는 일은
언제나 나를
행복한 미소 짓게 하고
네가 내게로 다가올 시간이 되면
난 너무나 행복해져
내 입가엔
미소를 한 아름 머금고
행복한 상상을 하며
너를 만나러 마중을 간다.
너를 기다림으로
행복의 가치를 알게 되고
진정한 사랑의 의미를
하나 둘 알아가며
오늘도 행복한 기다림으로
당신만을 기다리겠습니다.

첫사랑

첫 만남에서 순수한 마음으로
서로에게 다가설 수 있다면
나는 오랜 시간 동안
당신을 가장 아름다운 사람으로
기억하게 될 것입니다
당신과 나의 눈이
우연히 서로 마주칠 때
나도 모르게 마음이 떨려와
처음으로 낯선 당신에게
참 따뜻하고 좋은 느낌을
받게 되었습니다
지금까지 살아온 날과
앞으로 살아갈 날 동안에
첫사랑의 순수함으로
서로에게 다가설 수 있다면
세상에 하나뿐인 그 사랑
나 이제 당신께 드리려 합니다.

너를 기다리는 시간

너를 기다리는 시간은
언제나 나를
행복한 상상 속으로 빠져들게 한다.

오늘은 어떤 옷을 입고 나올까?
오늘은 또 어떤 이야기들로
나를 미소 짓게 해 줄까?
이런 행복한 생각들을 하다보면
어느새 너는
내 앞에 서서
환한 미소로
나를 바라보고 서 있지.

너를 기다리는 그 시간은
나를 더 성숙하게 만드는
행복한 시간의 연장이야.

내 마음에 머무는 사람

하나의 설레임으로 다가와
내 마음에 그리움으로 머무는 사람
당신은 언제나 내게
마음을 사로잡는 또 하나의 행복이 되고
지친 삶의 일상 속에서
나를 미소 짓게 만드는 단 한 사람입니다

당신을 생각하면 내 입가에
환한 미소가 떠오르는 것은
내가 당신을 사랑하고 있다는 증거입니다
처음 만난 그 순간부터
내 생명이 다하는 그날까지
내 마음에 머무는 단 한 사람
바로 당신이었으면 좋겠습니다.

귀머거리의 사랑

나는 당신에게
사랑한다는 그 말을
들려 드릴 수가 없습니다.
제가 말을 못하는
장애가 있어서가 아니라
저의 자존심과 교만으로 인해
마음의 문이 닫혀
당신의 말을 듣기보다
나의 말을 하기를 좋아하고
당신을 생각하기보다
나의 이익을 먼저 생각함으로
어느새 우리는
귀머거리의 사랑을 하고 있습니다.
나는 이제 당신께
많은 것을
표현으로 보여 드리고 싶습니다.
내가 얼마나 당신을 사랑하는지

저의 사랑이
순간적인 충동이 아님을
저의 진실한 표현들로
당신의 두 눈에
비쳐지길 소망합니다.
저의 그런 모습들로 인해
당신이 행복할 수 있다면
저는 그것으로도 충분히 행복합니다.

작은 소망

늦은 밤
달빛 그리움으로
당신의 어두운 밤길
훤히 밝혀주며
늘 당신과 함께 동행 하는
단 한 사람이 되었으면 좋겠습니다,

언제나 곁에서
말없이
당신만을 바라보고 있는
내가 되었으면 좋겠습니다.

널 향한 내 마음

밤하늘 밝게 비춰주는
달빛 그리움으로
당신의 외로움 달래주는
단 한 사람
늘 당신 곁에 변함없이 서 있는
든든한 버팀목이
바로 내가 되기를
어둠속에 숨어
남몰래 울고 있는
당신의 그 눈물 닦아줄 한 사람이
언제나 내가 되기를
힘겨운 삶의 무게를 견디다 못해
축 늘어진 당신의 어깨가
마음 편히 쉴 곳이 되어 드리기 위해
언제나 나의 마음을
당신의 위해 비워두려 합니다.

인어공주의 사랑

당신을 처음 본 순간 느꼈던
내 마음이
잠시 스쳐지나가는
순간의 바람같은 사랑이 아닌
인어공주의 진실한 그 마음을
매일 조금씩 닮아가길 소망합니다.
사랑하는 사람과
진실한 사랑 나눌 수 있다면
자신의 그 모든 것을
다 내려놓을 수 있고,
마지막 순간에는
사랑하는 사람을 위해
자신의 목숨마저도 내어주며,
새벽이슬 같은 은빛 물거품 되어
흔적 없이 사라진다 해도
그 사람이 행복할 수만 있다면
자신의 생명을 아낌없이 내어준

인어공주의 순결한 사랑처럼
이 한 목숨 다 바쳐
당신만을 영원히 사랑하겠습니다.

기다림이 있어 행복한 사람

내 마음 깊은 그 곳에
당신을 향한
행복한 기다림 하나
오랫동안 고이
간직할 수 있었으면 좋겠습니다.
그리하여
당신을 향한 그리움
견디다 못해
눈물로써 까만 밤을
새하얗게 지새우는 날이면
아직도 끝나지 않은
당신을 향한 나의 사랑
다시 한 번 확인할 수 있기에
오랜 시간
당신을 기다릴 수 있고
환한 미소 지을 수 있어
나는 정말 행복한 사람입니다.

비 오는 날에는

비가 내리는 날에는
한번 쯤 우산을 들고 나와
저 멀리서 네가
나를 기다려 주기를 바라면서
조용히 길을 걷고 싶다.
행여 우산이라도 없는 날에는
비에 흠뻑 젖어
집으로 돌아오는 나를
네가 우산을 들고
버스정류장에서 기다려 주기를
마음속으로 바라면서
그냥 그 비를 맞으며 길을 걷고 싶다.
나를 기다리고 있는 네가
비에 흠뻑 젖은 나를 보고 달려와
내 머리를 닦아주고
걱정해 주는 네 모습을 그려 본다.

하늘을 감동시킨 사람의 기도

내게 주어진 하루의 삶을
당신을 생각하는 것으로 시작하고
어제보다 더 행복한 미소
지을 수 있는 일들이
당신에게 가득 일어나길.

기도하는 단 한 사람이
다른 사람이 아닌
당신 곁에 말없이 서 있는
바로 내가 되게 하소서.

내가 하는 모든 일에
나의 유익만을 구하기보다
먼저 당신에게 행복한 일이
많아지길 기도하는 동역자가
바로 내가 되게 하소서.

죽는 날까지
단 한 사람만 바라보며
당신을 위해 기도하는
단 한 사람이
바로 내가 되게 하소서.

첫 설레임

그대를 처음 만나던 날
아침부터 왠지
기분이 좋았습니다.
버스번호를 착각해
잘못 탔음에도
나도 모르게 웃음이 나고
누군가를 만날 것 같은
기분 좋은 그 느낌이
나를 행복하게 만들었습니다.
노선표에 찍힌
당신의 학교 이름을 보며
이것이 나의 운명이라 생각했습니다.
세 시간을 기다려 만나게 된
당신의 첫 인상은
오랜 기다림에 지친 나를
행복한 미소 짓게 만들었습니다.
시간을 다시 한 번 되돌릴 수 있다면

그날의 행복과 감격을
다시 한 번 느껴 보고 싶습니다.

너를 기다릴 때는

너를 기다릴 때는
내 마음에 설레임이 가득하고
너를 만날 때는
내 마음이 두근거리고
너를 사랑할 때는
내 마음에 행복이 가득해.
너를 기다릴 때
비로소 난
행복의 의미를 알게 되었다.
너를 기다리는
긴 시간 속에서
사랑의 의미를 되찾고
행복을 느끼게 돼.
너를 기다릴 때는
행복의 가치를 느끼고
참 사랑의 의미를 깨닫게 된다.

그리움

작은 연못 속에
조약돌 하나
던져 넣었을 때
저 멀리 퍼져 나가는
물결과 같은
당신을 향한 새하얀 그리움
그 물결이 퍼지고 또 퍼져
저 넓은 바다에 닿는 그날
그때 나는 당신에게
진실로 고백하려 합니다.
당신만을 영원히 사랑한다고…

내 곁에 있어 좋은 사람

당신은 늘 내 곁에 있어
참 좋은 사람입니다.
세상살이에 지쳐
힘없이 주저앉고 싶을 때마다
내게 든든한 버팀목이 되어 주기에
새 힘을 얻고
거친 세상 속을 향해
새로이 비상할 수 있는
용기를 심어주는 당신.
늘 따뜻한 미소로
삶의 의미를 되새겨 주는
당신이 곁에 있기에
이제 나는
어떠한 시련도
이겨낼 자신이 있습니다.
당신은 내게
늘 곁에 있어 참 좋은 사람입니다.

첫눈

온 세상을
하얗게 뒤덮는
첫눈이 내리는 날에는
사랑하는 사람과
함박눈을 맞으며
거리를 거닐고 싶은 마음에
전화기만 만지작거리는
한 사람이 있습니다.

좋아한다는 그 말을 못해
안타까움만 가슴에 묻어두는
혼자만의 짝사랑이기보다
사랑한다고 고백할 수 있는
그런 용기를 내게 주는
첫눈을 함께 맞으며
진실된 마음으로
나 이제 당신께 고백하려 합니다.

프로포즈

바람에 흔들리는 갈대와 같은
내 마음을
한 곳에 뿌리 내리게 만드는 사람
그 사람이 바로
당신이었으면 좋겠습니다.
늘 산만하여
주위를 두리번거리던 내 시선이
오직 한 사람
바로 당신께만
멈춰있었으면 좋겠습니다.
내게 주어진 모든 시간을 다 바쳐
사랑해도 좋을 단 한 사람이
바로 당신이었으면 좋겠습니다.
이제 내게 남은 모든 시간을 다 바쳐
기쁠 때나, 슬플 때나
늘 당신과 함께 하겠습니다
당신만을 영원히 사랑합니다.

벚꽃

한겨울의 심한 추위 이겨내며
봄의 시작을 알리는
희망의 꽃망울 터뜨리며
활짝 피어난 한 송이 벚꽃
오랜 시련 이겨내고
마침내 피워낸
너의 그 아름다움에
모두를 경이로움을 표하고
감탄의 함성을 지르게 한다.
너의 아름다움을
경외하듯 벌들이
너의 주위를 맴돌며
화려하게 춤사위를 한다.
절세의 미인 자태 뽐내며
봄바람에 흩날리는 너의 향기에
연인들의 가슴 설레게 하고
봄의 화려함을 더해준다.

그대의 향기

그대의 곁에 다가서면
그대에게서
늘 좋은 향기가 풍겨
난 한참동안 숨을 들이쉬며
그대의 향기를
나의 가슴속 깊이 느껴 봅니다.
그대의 향기는
이제 내게는 너무나 익숙해져
난 저 멀리서도
그대의 향기를 느낄 수가 있습니다.
그대의 향기는
내 마음을 움직이는 신비한 힘이 있어
나를 그대 곁에 머무르게 합니다.
그대의 향기가
내 마음 깊은 곳에 자리 잡아
지워지지 않는
사랑으로 자리 잡게 하소서.

내 작은 두 손으로

내 작은 두 손으로
무엇인가 할 수 있다면
어둠이 짙게 깔려진
이른 새벽
두 손 모아
당신만을 위한 기도로
새벽을 깨우는
기도의 사람이 되게 하소서.

내 작은 두 손으로
당신만을 위해
무엇인가 해 드릴 수 있다면
당신이 세상살이에 지쳐
슬픈 눈물지을 때
말없이 다가가
당신의 눈물 닦아주는
단 한 사람이 되고 싶습니다.

달맞이꽃

당신만을 사랑하면서도
그 마음 표현하지 못해
남몰래 눈물짓는
나는 한 송이 달맞이꽃
오랜 기다림에 지쳐
오늘도 눈물 흘려보지만
가슴속 깊이 숨겨둔
그 한마디 말
당신을 영원히 사랑합니다.
나의 이 고백이
내가 죽는 그날까지
변하지 않기를
두 손 모아 간절히 소망합니다.
당신을 향한 내 사랑이
끝내 이룰 수 없는
가슴 시리도록 슬픈 운명으로
변해버린다 하여도

오랜 시간 참고 기다림으로
당신만을 사랑한
단 한 송이 꽃으로
당신의 가슴속에
오래도록 기억되려 합니다.

*달맞이꽃 꽃말: 기다림, 말없는 사랑

제2부

세상에 없는 사랑

당신을 향한 내 사랑은
세상에 없는 천상의 사랑
아홉을 내어 주고도
나머지 하나를 더 주지 못해
늘 안타까워하는 그 마음입니다.
저만치 멀리서
늘 말없이 바라보며
당신이 행복하길 바라는 그 마음이
언제나 변함없는
나의 순수한 사랑이길 소망합니다.
세상에 영원한 건 존재하지 않는다 하지만
당신을 향한 나의 마음은
영원히 변하지 않는
단 하나의 사랑이길 소망합니다.

천년을 기다려도 좋을 사람

천년을 기다려도 좋을
나의 사람아!
서로의 마음
포근히 감싸주며
어떤 역경이 찾아와도
그 긴 시간
당신만을 기다리며
변함없이 온전한 그 사랑으로
한 사람만을 위해
한 알의 씨앗 내 맘속에 뿌려
사랑과 정성을 다해
한 그루의 나무로 가꾸어 가겠습니다.
그 나무가 자라
많은 결실을 맺듯
우리의 사랑도
좋은 결실을 맺는 사랑이 되기를
기다림만으로 끝나 버리는

사랑이 되지 않기를
내 평생을 다해 사랑한 당신이기에
당신만을 위해
눈물 흘리는
단 한 사람이 되어 드리겠습니다.

고백

오랜 시간 함께 했었기에
당신의 소중함을
까마득히 잊고 살았습니다.
늘 내 곁에서
친구로만 지내왔기에
당신을 향한 제 마음이
단지 우정이라 생각했습니다.
그러나 이제
당신을 향한 제 마음이
진실한 사랑임을 알기에
늘 당신과 함께
많은 시간을 나누고 싶습니다.
오랜 시간
가슴 속 깊이 숨겨 두었던 그 말
이제 그만 고백하려 합니다.

당신만을 영원히 사랑합니다.

하늘이 내게 준 선물

오직 한 사람만을 그리워하여
어느새 내 삶의 전부가 되어버린 당신
이제 내 눈물의 기도
당신만을 위해
그 마지막 눈물 한 방울까지
아낌없이 흘려 드리려 합니다.
당신은 하늘이 내게 준
세상 그 무엇과도 바꿀 수 없는
단 한 사람이기에
나 이제 당신만을 위해
내 모든 삶
온전히 드리려 합니다.
내가 흘린 그 눈물로 인해
당신이 행복한 미소 지을 수 있다면
내가 죽는 그 날까지
당신만을 위해 눈물짓는
단 한 사람이 되어 드리겠습니다.

우리가 만일

우리가 만일
서로 사랑하지 않았다면
당신과 나는
서로 불행하여
우울한 하루하루를
살았을지도 모릅니다.
당신과 내가
하나의 인연으로
우리가 서로 만나
사랑하지 않았다면
이보다 더한 불행은 없을 것입니다.
우리가 만일
서로를 알지 못하여
다른 사람과 사랑을 나누고 있다면
그 사랑은 사랑이 아니라
불행일 수밖에 없었을 것입니다.

오늘을 위한 기도

내게 주어진 하루의 삶이
나의 유익만을 위한
이기적인 삶이 되지 않게 하시고
서로의 행복을 위해
나의 헛된 욕망을 내려놓을 수 있는
현명한 지혜를 내게 더하여 주소서.
매일 나와 만나게 되는
그 모든 사람들의 소중함을 알고
좋은 인연 귀하게 여기는
그 마음 내게도 허락하소서.
그리하여
매일 내게 주어지는 삶 속에서
많은 사람들과 서로의 마음
다 털어놓고 살 수 있는
진솔한 삶을 살아가게 하소서.

행복나누기

당신과 함께 행복을 나누며
살아갈 수 있다면
이 험한 세상도
그리 힘들지만은 않으리라.

나는 늘 당신에게 행복을 나누어 주는
단 한 사람이길 간절히 기도합니다.
당신은 내게 기쁨을 주는
단 한 사람이었기에
나 또한 당신에게 기쁨이고 행복이 되길
두 손 모아 간절히 기도해 봅니다.

서로 행복을 나누며 살다보면
당신의 기쁨이 나의 기쁨이 되고
나의 슬픔을 함께 나눌
보석보다도 귀한 친구를 만나서
행복만을 나누며 살 수 있다면

더 이상 슬픔과 눈물은 존재하지 않으리라.

내가 당신에게 기쁨을 주고
당신이 내게 행복한 준다면
이 세상은
행복과 기쁨만이 늘 충만하리라

이런 사람으로 기억되고 싶습니다

잠시 스쳐지나가는
순간의 만남 속에서도
따뜻한 말 한 마디로 인해
오랜 시간동안
긴 여운이
가슴속 깊이 전해지는 사람.
어려운 여건 속에서도
긍정적인 말과 행동으로 인해
자신의 한계를 뛰어넘기 위해
늘 넘어지고 다시 일서는 일을
기쁨으로 생각할 수 있는 사람.
내게 주어진
작은 것 하나를 보면 불평하기보다
앞으로 더 많은 것에
도전하고 쟁취할 수 있는
무한한 가능성이 내 속에
잠재되어 있음을 감사하고

현재의 내 모습에 만족하며 살기보다
보다 나은 미래를 꿈꾸며
늘 긍정적인 모습으로 세상을 살아가는
이런 사람으로 당신에게 기억되고 싶습니다.

마음과 마음의 벽

네가 먼저
마음의 문을 열기 전에는
당신과 나 사이에
보이지 않는 벽이 있어
서로 상처받지 않으려
높은 담을 쌓고
세상과 멀어져 버리지만
내가 먼저
마음의 벽을 허물 때
세상과 나는
하나가 될 수 있어
행복한 미소를 지을 수 있다네.

너와 나 사이에
보이지 않는
벽을 허물어 나갈 때
우리는

지금보다 더 아름다운
관계 속에서
하나가 될 수 있다네.

내게 특별한 사람

당신은 내게
아주 특별한 사람입니다.
당신을 만나기 전 내 삶은
아무런 의미가 없었음을 고백합니다.

당신을 만나
내 삶이 더 이상
나 혼자만의 것이 아님을
새로이 깨닫습니다.
세상살이에 지쳐
존재의 의미를 잃어갈 때마다
잊고 있던
자신의 존재 가치를
새로이 일깨워주는
당신이 내 곁에 있기에
오늘도 나는
행복한 미소 지워봅니다.

당신은 내게
하늘이 선물해 준
아주 특별한 사람입니다.

네잎 클로버

처음 너를 만났을 때의 느낌은
수많은 세잎 클로버 속에서
단 하나의
네잎 클로버를 찾은 듯한
행복함을
너는 내게 선물해 주었다.
네가 내게
행운과 행복을 가져다주는
단 한 사람이 되고
나 또한 너에게
그런 사람이 될 수 있다면
우리는 더 이상
슬퍼하지 않을 것입니다.
당신은 내게
세상이 내게 선물해 준
단 하나의 행복이기 때문입니다.

내 눈물과 바꾼 사랑

당신은 내게
사람이 얼마나 많은
눈물을 가졌는지를
깨닫게 해 준 고마운 사람입니다
당신을 위해 흘린 눈물은
어느새 큰 바다를 이루었습니다.
내 마음속 깊은 그곳엔
언제나 당신이 침묵하고 있습니다.
오늘도 나는
사랑하는 당신을 위해
눈물의 기도로 하루를 시작합니다.
내가 흘린 눈물이 쌓이고 쌓여
저 하늘에 닿는 그 날
그때 난 비로소
진실한 사랑의 의미를 깨닫게 될 것입니다

당신은 내게

당신은 내게
언제나 나를 미소 짓게 만드는
또 하나의 작은 행복입니다.
수많은 사람들 속에
둘러싸여 살아가면서
나의 존재를 잊은 채
힘든 삶 속에 묻혀버린
무의미한 인생으로 전락해 버릴 때
다시 한 번
나의 존재 가치를 확인시켜 주는
당신은 내게
삶의 새 소망을 일깨워 주는 존재입니다.

세상살이가 힘들다며
모든 걸 포기하고
스스로 삶을 포기하려 할 때
내 삶의 의미가 얼마나 고귀한가를

되새기게 만드는
당신은 내게 그런 존재입니다.

언제나 나를 믿어주고
나를 포기하지 않기에
내가 이 세상을
견디며 살 수 있는 힘이 됩니다.

언제나 내게
새 소망을 주는 당신을 사랑합니다.

내가 사랑할 단 한 사람

내 평생을
다 바쳐 사랑한 당신이기에
내 모든 것을 다 내어주어도
더 주지 못해 안타까워하는 온종일

기다려도 그 기다림이
지루함의 시간이 아닌
행복한 순간으로 만드는 당신
내 평생을 다해
단 한 사람만을 사랑하여도
그 마음 다 표현할 수 없음을 알고
내 모든 생각과 시간을
당신께 드리려 합니다.

오랜 시간 동안
서로에게 길들여졌기에 이제
당신 외에는

그 누구도 사랑할 수 없음이
나의 운명임을 인정하고
난 당신만을 기다리며
천상의 사랑 이루려 합니다.

나는 천년이라는 긴 시간이 흘러도
변하지 않는 그 마음으로
당신만을 기다리겠습니다.

천 번을 다시 태어나도 내가
사랑할 단 한 사람
바로 당신입니다.

가을愛

시간의 흐름 속에
나뭇잎은 가을소리를
내 귓가에 들려주고
메마른 낙엽 되어
거리를 뒹굴 때
너를 향한 나의 사랑
저 낙엽과 함께
퇴색돼 버릴까 두려워
빛깔 고운 낙엽과 함께
책갈피에
고이 꽂아두고픈
나의 사랑이여!
이 결실의 계절에
너와 나의 애틋한 사랑도
저 낙엽과 같은
사랑이 되지 않기를
우리의 사랑은

가을의 과일나무와 같은
결실을 맺는 사랑이 되기를…

사랑을 위한 기도

당신을 향한 나의 사랑이
잠시 스쳐 지나가는
바람 같은
사랑이 되지 않게 하시고
내 생명이 다하는 그날까지
오직 한 사람만
서로 바라보게 하소서.
힘겨운 삶의 무게를 견디다 못해
내 삶을 포기하고,
주저앉고 싶을 때마다
두 사람의 진실한 사랑으로
서로의 마음
늘 따뜻하게 감싸주게 하소서.
내 생애 마지막 그 순간
당신을 향한 나의 고백이
당신을 만나 기뻤고,
당신과 사랑할 수 있어서

세상 누구보다
행복한 삶을 살았다는
그 고백이
내 입술에서 넘쳐흐르게 하소서.

그대 있음에

하루를 시작하는
힘겨운 이른 새벽에도
그대를 생각하면
새 힘을 얻고
세상을 살아갈 이유를 찾고
내게도 아직
삶의 의미가 있음을
다시 한 번 깨닫게 됩니다.
그대 있음에
내 삶이 나 혼자만의 것이 아닌
서로가 힘들고 지칠 때
서로에게 든든한 버팀목이
되어줄 수 있음에 감사하고
서로의 인연이 닿지 않아
이룰 수 없는
슬픈 우리 사랑이라 하여도
그대와 내가

같은 하늘 아래
함께 살아 숨 쉬고 있음을 감사하고
행여라도
우연한 인연으로 다시 만나길
소망할 수 있기에
나는 행복합니다.

당신을 바라볼 때면

당신의 그 해맑은 미소가
오늘도 나를
행복하게 만듭니다.
내 삶의 활력소를
제공해 주는 당신은
산소와 같이
꼭 필요한 존재입니다.
내 삶이 우울함에 길들여져
무기력함을 느낄 때
당신은 내게
아침 햇살과 같은 따뜻함을
한아름 안겨주고
새 힘을 공급해 주는
내게는 없어서는 안 될
꼭 필요한 소중한 사람입니다.
당신을 바라볼 때면
난 언제나

행복을 가슴속 가득히 느끼게 됩니다.
오늘도 나는
저 먼 곳에서라도
당신을 바라볼 수 있기에
힘들고, 험한 세상 속에서
행복한 미소 지으며
세상을 살아갈 수 있는 새 힘을 공급받는다.

뒷모습이 아름다운 사람

우리가 만일
서로 사랑하다 헤어지게 되면
나는 당신에게
첫 인상이 좋았다고 기억되기보다
떠날 때의 뒷모습이
더 아름다운 사람으로
당신에게 잊지 못할
좋은 추억으로 간직되기를
처음 만날 때에는
서로에 대한
기대감으로 만나지만
헤어질 때는 후회와 아쉬움이
가슴 속 깊이 남기에
만약
당신과 내가
서로의 인연이 닿지 않아
헤어지게 된다면

첫인상이 좋았다고 기억되기보다
마지막 뒷모습이
더 아름다웠던 사람으로
당신에게 기억되고 싶습니다.

제3부

봄비

봄비가 소리 없이 내리는 날이면
가만히 창가에 기대어
빗소리에 귀 기울여 보세요.
그 소리에는
무엇인가 끝없이 생각나게 하는
힘이 있어
나를 옛 추억 속으로 빠져들게 하네요.
그리움으로 내리는 비를 바라보면
빗방울소리에
촉촉이 젖어드는 내 마음
봄비와 함께
그리움으로 물든 내 마음속엔
언제나 그대가 있어
오늘도 난
행복한 미소 지으며
당신만을 위해 눈물 흘려요.

새벽 바다

새벽 안개 가득한 바닷가에서
가만히 저 수평선 바라보면
잔잔한 파도 하나 물결쳐
내게로 다가와
호수처럼 고요하던 내 가슴에
그리움 하나 던져주고
저 멀리 달아나는 파도.

매정한 내 님의 뒷모습과
너무도 닮아
어느새 나도 모르게
그리운 님 얼굴
내 맘속에 그려보며
남몰래 눈물짓는
이른 새벽입니다

당신은 언제나

밀물되어 내게로 다가와
핑크빛 그리움만
한 아름 안겨주고 가는
야속한 사람입니다.

새벽 안개 가득한 날이면
나 홀로 걸어보는
이 새벽 바닷가
당신과 함께한 그 시간들을
내 맘속 깊은 그곳에
되새겨 볼 수 있는 이 길이
그리 외롭지만은 않습니다.

그대 그리운 날에는

내 마음속 깊은 곳의 외로움이
그대의 이름을 부르며
그리움에 목이 메여
가슴에 사무치도록
그대 그리운 날에는
조용히 눈을 감고
그대 얼굴
내 마음속에 그려 봅니다.
슬픈 우리 사랑
오늘도 나는
그대의 마지막 뒷모습 그리며
나 홀로 외로이 눈물짓습니다.
그대 그리운 날에는
아름다웠던
우리의 지난 사랑을 떠올리며
그대 이름 목 놓아 불러 봅니다.

같은 하늘 아래

같은 하늘 아래
살아 숨 쉬고 있는
두 사람이지만
우리가 아직
하나의 인연으로 만날 수 없음은
서로의 인연이 너무도 짧기 때문일까요.
늘 당신만을 그리워하며
먼 밤하늘만 바라보며 눈물짓는
슬픈 우리 사랑입니다
당신을 그리워하며
조용히 그 이름 불러보면
언제나 내 두 눈에
이슬이 소리 없이 맺힙니다.
내 마음속에 당신을 향한 그 사랑이
변함없이 살아 숨 쉬고 있기에
언제까지나 아름다운 추억으로
당신을 기억하려 합니다.

소나기[*]

당신과 내가 잠시 스쳐 지나가는
한줄기 소나기 같은 사랑이었다면
서로의 가슴에 깊은 상처로
오래 기억되지 않았을 것을.

단지 나는 당신에게
세상의 아름다움을 더 많이
보여주고 싶었을 뿐인데,

나의 그 어리석음이
당신과 나를 영원히 갈라놓는
시초가 될 것을
나는 알 수 없었습니다.

지금 우리가 서로
영원히 만날 수 없지만
그러나 나는

내가 죽는 날까지
당신을 기억하겠습니다.
당신은 내게
처음이자 마지막 사랑이었으니까요.

  *황순원의 소나기 중 소년이 고인이 된 소녀에게 마음으로 보내는 편지.

행복한 그림자

언제나 나의 기억 속에서
늘 같은 자리를 맴도는 당신
오랜 시간 많은 것을
함께 나누었기에
어느새
내 삶의 전부가 되어버린 당신.

우리가 함께 나눈 그 시간들이
이제 내게 기쁨이 되고
아름다운 추억으로
영원히 기억하고 싶은
아름다운 사람.

늘 당신과 함께
서로가 서로에게
행복한 그림자 되어
우리 서로 동행할 수 있다면

내 생애 마지막 순간에
당신을 알게 되어서
세상 그 누구보다
행복한 삶을 살았노라고
당신께 고백할 것입니다.

당신을 위한 눈물의 기도

당신을 향한 사랑의 표현은
매일 아침 당신을 위해
무릎을 꿇고 기도하며
나의 하루를 시작하는 것입니다.
새벽의 그 시간에 당신을 생각하면
말없이 눈물부터 흘리는 것은
여전히 내가
당신만을 사랑하고 있다는 증거입니다.
너무나 사랑하기에
끝내 잊지 못한 채
오늘도 당신을 위해 눈물의 기도로
하루를 시작하며
당신이 행복하기를 바라는 이유는
이룰 수 없었던
우리의 사랑이 슬퍼서가 아니라
사랑하는 당신을
아름다웠던 추억으로만

내 가슴속에 묻어 두기엔
내 심장이 그대를
너무나 사랑하기 때문입니다.

가을 편지

찬바람이 불어
외로운 가을날
그리운 사람에게 편지를 쓴다.
지난해 가을
책갈피에 꽂아둔
낙엽 하나를 보며
그리운 내님 보고픈 마음에
나 홀로 의미 없는 눈물 흘려 보지만
내 모습만 더 초라해져 보여
오늘도 그리운 내님 이름
목 놓아 불러 봅니다.
그리운 님이여!
아직도 나를 기억하고 계신다면
바람에 떨어지는 낙엽 하나에
당신의 사연을 적어
가을바람에 날려
나에게 전해주오.

작은 두려움

많은 사람들과 함께
기뻐하며 즐거워하는 동안에
나는 문득
작은 두려움이 나의 마음을
서늘하게 만들고 지나갑니다.

당신만을 그리워하며 살아도
그 사랑을 다 표현 못한 걸 알기에
나는 항상
당신만을 내 기억 속에
넣어두려 합니다.

설령 이것이 내게 구속일지도 모르나
내 평생을 다 바쳐도
그 부족함을 알기에
당신을 내 기억의
가장 아름답던 시절로 기억하려 합니다.

해 지는 광안대교에서

석양이 아름다운
광안대교를 바라보면
늘 아쉬움들이
하나 가득
내 가슴에 밀려오고
오늘도 나는
이곳에서 너만을 생각한다.
우리의 인연이 짧아
두 번 다시 만날 순 없겠지만
나는 너와 함께한
그 시간들을
저 광안대교를 바라보며
오랜 시간 간직하려 한다.
우리의 사랑은
저 광안대교처럼
아름다울 순 없겠지만
우리 둘만의

좋은 추억으로 간직할 수 있기에
해지는 광안대교에서
당신만을 생각하려 합니다.

비 오는 날의 그리움

아침부터 비가 내린 날에는
무언가에 대한 그리움으로
하루를 시작합니다.
두 눈을 감고
조용히 귀 기울여 보면
빗방울 떨어지는 그 소리에
그리움의 향기가 묻어나고
어느새 나는
당신과의 추억들을 떠올려 봅니다.
똑 똑 똑
떨어지는 그 빗소리에는
아련한 추억들의 향기가 있어
내 마음을 슬프게 물들이지만
비가 내리는 날이면
너를 다시 생각할 수 있어서
난 행복하게 미소 지을 수 있습니다.

너를 다시 만나면

언젠가 우리
하나의 인연이 되어
다시 만나게 되면
내 가슴속에
고이 간직해 두었던
그 한마디 말
당신께 전해 드리고 싶습니다.
우리의 인연의 굴레가 길어
너를 다시 만나게 되면
아직
그 누구에게도 말하지 못한
그 한마디
당신을 사랑한다는 그 말
꼭
당신께 전해주고
굳게 잡은 두 손
두 번 다시 놓치지 않으리라.

파도와 당신

저 넓은 바닷가를 걷다보면
겹겹이 밀려오는
파도를 자주 보게 됩니다.
그 파도를 볼 때마다
당신을 떠올리곤 합니다.
저 파도는 밀려올 때마다
쏴 하는 소리와 함께
조개와 같은 것을 선물하지만
당신은 내게 다가와 그리움만을 선물하고 갑니다.
당신은 내게 있어 파도와 같은 그리움,
파도를 보면 나는 늘,
당신을 생각하게 됩니다.

돌담길을 지나다가

돌담길을 지나다가 문득
당신을 생각합니다.
저 길모롱이를 지나면 당신이 나를
기다리고 있을 것 같아
내 발걸음이 더 빨라짐을 느낍니다. 하지만
당신은 그곳에 있지 않습니다. 어디엔가
숨어있지 않을까 하여 이리저리 잘 살펴보지만
당신은 어디에도 있지 아니합니다.
당신이 너무나 그리워
마음속에 당신 얼굴 그려보았지만
잘 떠오르지 않아 이내 내 두 눈가에
이슬같은 눈물이 맺혀 있습니다.

물망초

오! 그대여
제발 나를 잊지 마세요.
우리의 만남이
무의미한 만남처럼
느껴질지라도
서로에게 의미를 부여하여
두 사람이 헤어져
어디에 있더라도
언젠가는
다시 만날 그날을 기약하기에
기다림의 시간들이
이제 내게는
행복의 순간들로
조금씩 변해져 갑니다.
누군가를 그리워하여
온전한 기다림으로
그 사람만을 위해

내 시간을 다 바칠 수 있다면
평생을 다해
당신만을 사랑하겠습니다.

해바라기 사랑

한 사람에 대한
사랑의 기다림으로
오늘도 먼 하늘만 바라보며
내 가슴속 고이 간직한
당신을 위한 그리움 하나로
소리 없이 눈물 흘려보는
한가로운 오후입니다.

우리의 인연이 너무도 짧아
가까이 다가설 수 없는
우리 두 사람이기에
이제 나는
한 송이 꽃이 되어
한 사람만을 바라보는
온전한 그 사랑
당신께 드리려 합니다.

내 그리운 사람에게

힘겨운 삶에 지쳐
가만히 저 하늘
말없이 바라볼 때면
내 그리운 사람에게
안부를 묻고 싶다.
그리운 이여
행여라도 나를 잊었다면
다시 한 번 나를 기억해 주오.
내 그리운 사람에게
아직도 하지 못한
그 한마디 말이
내 맘속에 맴돌아
당신이 더욱더 그리운 날은
목 놓아 그대 이름 불러 봅니다.
내 그리운 이여
언젠가 우리 다시 만나게 되면
두 번 다시 당신을 놓치지 않으리라.

행복 1

누군가를 사랑하는 것이 행복이듯
누군가를 그리워하는 것도
내게는 행복입니다.
멀리 떠나신 당신을 그리워함이
부질없음을 알면서도
끝내 못 잊어
오늘도
당신을 그리워하는 까닭은
언제나 그대를 생각하면
아름다웠던 지난 추억들로 인해
한번 쯤
환한 미소 지을 수 있기 때문입니다.
그대를 내 가슴 속에 숨겨두고
그리워하며 사는 것이
내게는 더없이 행복입니다.

행복 2

나 홀로
외로운 날에는
가만히 눈을 감고
당신의 얼굴
내 맘속에 떠올려 봅니다.
그러면
우울해져 시무룩하던
내 얼굴에 환한 미소가
가득히 퍼져 나갑니다.
당신과 함께 나눈 그 모든 시간들이
내게는
세상 무엇과도 바꿀 수 없는
행복한 시간들이기에
당신을 생각하는 그 시간에
난 내 맘속에 하나의 싹을 피웁니다.

그리움이 머무는 자리

길을 지나다 보면
한번씩
마음이 끌려 몇 번이고
다시 찾고 싶은 곳이 있다.
당신을 처음 만난 그 자리에 가면
나의 마음은 늘
그리움으로 당신을 부르고
분주한 발걸음은
그 주위를 맴돌며 서성이게 한다.
언제나 그 자리에 서면
저 멀리 어딘가에 숨어
나를 지켜보고 있다가
어느새
성큼 내게로 다가와
나를 놀라게 해 줄 것만 같아
오랜 기다림을 순수한 첫 설레임으로
바꾸어 놓은 당신

내 마음이 머무는 그곳에 가면
꼭 한 번
당신을 다시 만날 수 있을 것 같아
나의 발걸음과 그리움이 머무는 자리.

내게 행복을 주는 사람

매일 아침 눈 뜨면
제일 먼저
가슴속 깊이
사랑이란 이름으로 자리 잡는
따뜻한 한 사람이 있습니다.
언제나 그를 생각하면
내 마음속엔
추억이란 이름의 꽃들이 피어나
세상에서 단 하나뿐인
행복을 느끼게 됩니다.
당신은 내게
따사로운 아침햇살 같은 미소를
언제나 아낌없이 선물해 주는
해맑은 미소를 가진 사람입니다.
늘 함께 할 수는 없지만
내 가슴속 깊은 그 곳에
숨겨 두었기에

우리가 서로
멀리 떨어져 있어도
마음은 둘이 하나가 될 수 있음을 믿기에
그 추억들이
내 맘속에 살아 숨 쉬는 동안
나는 세상 그 누구보다 행복한 사람입니다.

함께 할 수 있는 사랑

네가 없는 세상에도
난 너를 사랑하는 단 한 사람이 되리라.
이젠 너를 영원히 볼 수 없지만
늘 내 곁에 있음을 느낄 수 있기에
마음 속 깊이 너의 모습 그려보면
얼어붙었던 내 마음에
다시 봄이 찾아오고 있음을
가슴 깊이 느끼게 됩니다.
당신은 메마른 내 마음에 단비를 내려
새 생명이 살아 꿈틀거리게 하는 신비한 힘을 가진
단 한 사람입니다.
마음과 마음으로 이어진 우리의 사랑이
늘 함께 할 수 있다면
우리 헤어져 있는 그 시간이
서로를 가끔 지치게 하여도
당신을 향한 그 마음은
영원히 변하지 않을 것입니다.

내 마음 속의 별 하나

내 마음속에는
작은 별 하나가 살고 있다.
내 마음이 외로워
혼자 우울해지는 날이면
너와 함께했던
그 추억을 되새기고
나는 다시 혼자서
외로이 미소 짓는다.
내 마음속에는
당신이라는
작은 별 하나가
나와 함께 숨 쉬고 있으므로
나를 늘 행복하게 만들어 준다.
당신이라는 그 별이
내 가슴속에 살아 숨 쉬는 동안
난 더 이상
외롭지 않으리라.

해설

천년의 그리움을 승화하는 사랑의 시편

이숙례 (문학평론가)

사랑시는 예부터 많은 시의 주제가 되어 읊어져 왔다. 주인공 남녀의 사랑과 미움은 갈등과 화해를 동반하는 서사구조의 중심축이었으며, 고대로부터 현대에 이르기까지 이별과 그리움의 정서는 시의 영원한 주제이자 미적 장치가 되어 왔다. 한국의 시가사상 최초의 서정시로 알려져 있는 「공무도하가公無渡河歌」나 「황조가黃鳥歌」의 공통성은 사랑하는 님이 내게서 '일방적으로 떠나가는' 것으로 수동적인 '버림당함'의 자세로 이별의 슬픔을 노래하고 있다. 이처럼 타율적 격리에서 비롯된 기다림의 눈물과 한숨으로 점철된 수동적, 정서적 원형질은 비교적 자율적이고 개성적, 개인중심적인 현대에 와서 능동적으로 변화되어 일방적으로 '버림당함'은 아니지만 정서적 원형은 별반 달라지지 않고 있다. 이루지 못한 사랑의 아픔을 표출한 시가 많으며 좀 더 적극적이고 솔직한 심상을 드러냄을 볼 수 있다.

정만석 시인은 아직 젊은 시인으로 메마른 현실에 결코 굴하지 않고 꿋꿋이 삶을 지혜롭게 이겨내는 보기 드문 의지의 청년이다. 늘 웃는 모습으로 정서가 퍽 안정된 밝은 태도를 보이며 시 쓰기와 시낭송의 열정이 남다른 시인, 노력하는 시인이다. 그의 첫 시집의 시는 사랑과 그리움을 노래하고 있다.

길을 지나다 보면
한번씩
마음이 끌려 몇 번이고
다시 찾고 싶은 곳이 있다.

당신을 처음만난 그 자리에 가면
나의 마음은 늘
그리움으로 당신을 부르고
분주한 발걸음은
그 주위를 맴돌며 서성이게 한다.

> 언제나 그 자리에 서면
> 저 멀리 어딘가에 숨어
> 나를 지켜보고 있다가
> 어느새
> 성큼 내게로 다가와
> 나를 놀라게 해 줄 것만 같아
> 오랜 기다림을 순수한 첫 설레임으로
> 바꾸어 놓는 당신
> 내 마음이 머무는 그곳에 가면
> 꼭 한번
> 당신을 다시 만날 수 있을 것 같아
> 나의 발걸음과 그리움이 머무는 자리
> ─「그리움이 머무는 자리」 전문

정시인은 '그리움이 머무는 자리'에서 서성인다. '그 자리'는 '당신을 처음 만난 그 자리'라 더 '분주한 발걸음'도 서성이게 한다. 또한 사랑의 대상을 마음으로 부르며 '그 자리'에 다시 간다. 그러나 '다시 만날 수 있을 것 같'은 '설레임'은 '그리움'만 '머무는 자리'로 돌아오고 만다. 사랑의 대상을 만나고 싶은 안타까운 마음이 그대로 독자에게 전해져 와 가슴을 울리는 시다.

> 처음 만날 때에는
> 서로에 대한
> 기대감으로 만나지만
> 헤어질 때는 후회와 아쉬움이

> 가슴속 깊이 남기에
> 만약
> 당신과 내가
> 서로의 인연이 닿지 않아
> 헤어지게 된다면
> 첫인상이 좋았다고 기억되기보다
> 마지막 뒷모습이
> 더 아름다웠던 사람으로
> 당신에게 기억되고 싶습니다.
> ―「뒷모습이 아름다운 사람」 부분

 정시인은 서로 사랑하다가도 '서로의 인연이 닿지 않아' 돌아서야 할 때 결코 실망하지 말아야 한다는 걸 이 시로 노래한다. 그래서 '첫 인상이 좋았다고 기억되기보다' 헤어질 때 '마지막 뒷모습이 더 아름다웠던 사람'으로 '당신에게 기억되고' 싶다 한다. 현실에서 잘 실현되기 어려운 상황이지만 그렇게 되기를 갈망하는 순수한 사랑의 마음이 잘 나타나 쓸쓸한 '뒷모습'이 오히려 사랑으로 아름답게 각색되어진다.
 일찍이 워즈워드가 시는 강렬한 정서의 자연적 발로로 넘쳐 나온 것이라고 했듯이 정시인도 자신의 깊은 내면에서 우러나오는 사랑의 세레나데를 시화하고 있다.

> 당신과 나를
> 하나의 인연으로 이어준

운명의 연결고리
　징검다리 한 가운데 앉은
　넌 처음 보았을 때
　나도 모르게 느낀
　순수한 그 설레임
　이제 너와 내가 아닌
　우리라는 이름으로
　좋은 인연을 만들어 준
　운명의 징검다리
　　　　　　　　　　　　　―「징검다리」 전문

　거의 모든 시에는 은유를 생명처럼 여기며 은유가 없으면 시라 하지 않을 정도다. 그런데 직설적인 문장이라 할지라도 은유가 배어 있는 시도 있다. 물론, 시를 은유 없이 일기 쓰듯이 삶의 단면을 표현한 시를 쓰기도 하지만 전체적인 알레고리나 시 제목에서 비유적으로 나타나 있으면 시가 되기도 한다. 다시 말해 내용만으로는 직설적이지만 제목을 보고서 전체적 은유라 생각할 수 있어 시적 가치를 인정받는 시도 많다는 것이다.

　정시인의 시도 대부분의 시에서 은유적 시어가 드물다. 하지만 위의 시 「징검다리」에서는 제목에서 사랑하는 두 사람을 '우리라는 이름으로' 서로 '좋은 인연을 만들어 준' '징검다리' 제목의 시적 이미지가 곧 '사랑'을 이루게 하는 은유적 장치가 되므로 훌륭한 시가 된다.

작은 연못 속에
조약돌 하나
던져 넣었을 때
저 멀리 퍼져 나가는
물결과 같은
당신을 향한 새하얀 그리움
그 물결이 퍼지고 또 퍼져
저 넓은 바다에 닿는 그날
그때 나는 당신에게
진실로 고백하려 합니다.
당신만을 영원히 사랑한다고…

―「그리움」

 시인 엘리어트는 「시의 세 가지 목소리」에서 제1의 목소리는 다른 누구도 아닌 자신에게 말하는 시인의 목소리라고 했다. 주로 연애시나 서간書簡시가 제1의 목소리로 언제나 다른 사람이 엿듣도록 되어 있는 시다. 여기에서 시를 감상하는 독자인 우리는 그 시를 통하여 직접 건네지 않는 말을 엿듣는 쾌감을 얻게 된다. 따라서 정시인의 제1의 목소리인 사랑시에서 공감의 환상을 나누어 가지게 되는 것이다. 시적 정서표출은 시인 자신의 것이 됨과 동시에 우리도 그 느낌 속으로 젖어들어 시인의 기쁨과 한숨, 그리고 고통의 아픔을 함께 공유해 보게 되기 때문이다.

 정시인의 「그리움」이라는 시에서 '작은 연못 속에/ 조약돌을 던졌을 때'에 생기는 '그 물결과 같은 당신'과 '새하얀 그리움'이라는 시적 고백이 신선하다. 더 나아가 그 물결이 '바다에 닿는 그날'에 '당신만을 영원히 사랑한다고', '고백하려'는 '그리움'의 시는 직유와 확장된 은유로 진실 된 사랑에 대한 갈망을 선연히 그려 내 보이며 시적 완성도도 높여주고 있다. 또 다른 그의 목소리를 들어보기로 한다.

    나 홀로
    외로운 날에는
    가만히 눈을 감고
    당신의 얼굴
    내 맘속에 떠올려 봅니다.
    그러면
    우울해져 시무룩하던
    내 얼굴에 환한 미소가
    가득히 퍼져 나갑니다.
    당신과 함께 나눈 그 모든 시간들이
    내게는
    세상 무엇과도 바꿀 수 없는
    행복한 시간들이기에
    당신을 생각하는 그 시간에
    난
    내 맘속에 하나의 싹을 피웁니다.
                        —「행복 2」 전문

정시인의 시는 대체적으로 관조적이며 기다림의 시로 다가온다. 사람은 누구나 궁극적으로는 혼자다. 인간의 어쩔 수 없는 이 고독을 때로는 무리 속에서, 때로는 자연과 종교적 교감, 정신적 산물인 문학 등으로 위무를 얻으며 외로움을 이겨낸다. 정시인도 그 고독을 문학의 한 갈래인 '시'로써 달래며 자신을 잘 다스려 나가고 있다. 즉 「행복」의 시에서 더 확연하게 잘 나타내 보인다. '나 홀로/ 외로운 날에는' 사랑하는 '당신의 얼굴/ 내 맘 속에 떠올려' 본다는 것이다. '그러면/ 우울해져 시무룩하던/ 내 얼굴에 환한 미소가/ 가득히 퍼져 나'가서 시인에겐 '세상 무엇과도 바꿀 수 없는/ 행복한 시간들'이 된다는 것이다. 시가 바로 정시인의 자칫 비뚤어지기 쉬운 정신적 부담을 시를 읽고 지으며 치유됨과 동시에 '행복한 시간'으로 이끌어 감을 본다. 위대한 사랑의 힘이 그를 일으켜 세우며 그의 '맘속에' 또 '하나의' 앞날에 대한 긍정과 희망의 '싹'을 피우는 그의 '행복'의 바이러스가 독자들의 가슴까지 전염되어 옴을 느낀다. 이와 유사한 시로 「함께 할 수 있는 사랑」에서도 읽어진다.

> 마음속 깊이 너의 모습 그려보면 얼어붙었던 내 마음에 다시 봄이 찾아오고 있음을
> 가슴 깊이 느끼게 됩니다.
> 당신은 메마른 내 마음에 단비를 내려

새 생명이 살아 꿈틀거리게 하는 신비한 힘을 가진
　　단 한 사람입니다.
　　　　　　　　　　　　—「함께 할 수 있는 사랑」 일부

　그렇다. 사랑은 분명 '메마른 마음에 단비를 내'리게 할 뿐만 아니라 '생명이 살아 꿈틀거리게 하는 신비한 힘을 가'진다. 정시인은 그런 '신비한 힘'을 가진 '단 한 사람'의 모습을 그려보고 있다. 그래서 고단한 현실의 삶에 한 줄기 희망과 '얼어붙었던 마음'에 다시 '봄이 찾아 와' 살아갈 용기를 얻고 있다. 정시인은 이처럼 사랑의 위대한 힘을 가슴으로 느끼며 천박해지기 쉬운 사랑의 정서를 시적 진술로 잘 처리하고 있다.
　사랑의 가치는 자신을 망각하고 다른 쪽에게 전폭적으로 헌신하는 아름다움에만 있지 않다. 사랑은 상대에 대한 생각을 가장 집중적으로 하게 하는 삶의 한 형태이다.

　　천년을 기다려도 좋을
　　나의 사람아!
　　서로의 마음
　　포근히 감싸주며
　　어떤 역경이 찾아와도
　　그 긴 시간
　　당신만을 기다리며
　　변함없이 온전한 그 사랑으로
　　한 사람만을 위해

한 알의 씨앗 내 맘속에 뿌려
사랑과 정성을 다해
한 그루의 나무로 가꾸어 가겠습니다.
그 나무가 자라
많은 결실을 맺듯
우리의 사랑도
좋은 결실을 맺는 사랑이 되기를
기다림만으로 끝나 버리는
사랑이 되지 않기를
내 평생을 다해 사랑한 당신이기에
당신만을 위해
눈물 흘리는
단 한 사람이 되어 드리겠습니다.
―「천년을 기다려도 좋을 사람」 전문

　우리 시의 현대역사를 보면 수많은 사랑시가 있다. 김소월의 「진달래꽃」, 한용운의 「님의 침묵」, 백석의 「나와 나타샤와 흰 당나귀」, 서정주의 「新綠」, 윤동주의 「사랑의 殿堂」, 박목월의 「이별가」, 오규원의 「한 잎의 女子」, 기형도의 「빈집」 등의 대부분의 사랑시에는 이별과 순조롭지 못한 현실의 슬픔 속에 아름다움이 배어나온다. 즉 기쁨보다 슬픔이 겹쳐질 때 예술적 호소력은 높다. 그것은 이미 고대 아리스토텔레스의 『시학』에서도 인간이 비극이나 애련과 공포에 짓눌린 감성을 해방하여 안정과 균형을 찾을 때 정서 특유의 카타르시스를 경험

한다는 것이다. 그래서 정시인의 '천년을 기다려도 좋을 사랑'의 기다림과 그 애잔한 슬픔과 그리움과 외로움의 서정에서 독자의 공감대가 더 커질 수밖에 없다.

『천년을 기다려도 좋을 사람』 시집 속에 담긴 정시인 특유의 사랑시들은 아파하면서도 좌절하지 않고 승화해 가는 시적 진실이 돋보인다. 이제 비슷한 주제의 반복에서 벗어나 다양한 주제의식의 발상 전환과 정서의 절제로, 보다 개성적인 시어와 낯설게 하기로 더 깊은 울림의 아름다운 시 세계를 펼쳐 보여주기를 기대해 본다.

천년을 기다려도 좋을 사람

1판 1쇄 · 2011년 1월 20일
1판 3쇄 · 2021년 10월 05일

지은이 · 정만석
펴낸이 · 서정원
펴낸곳 · 도서출판 전망
주   소 · 부산광역시 중구 중앙동3가 12-1 우편번호 · 600-013
전   화 · 051-466-2006
팩   스 · 051-441-4445
출판등록 · 제1992-000005호
ⓒ 정만석 KOREA
값 7,000원

ISBN 978-89-7973-293-1
w441@chol.com

* 저자와 협의에 의해 인지를 생략합니다.